大师经典

团队角色

助你脱颖而出

英国贝尔宾协会　著

袁永昌　蔺红云　译

Belbin Associates

The Belbin Guide to

Succeeding at Work

机械工业出版社

CHINA MACHINE PRESS

要想在组织中获得成长，每一个人都需要清楚地认识到自己最擅长什么、最适合做什么，明确如何才能充分地为组织做出贡献进而实现自我价值。本书旨在通过列举大量日常工作中可能面临的普遍性问题来帮助读者化解疑惑。许多管理类及商业类书籍给读者的建议通常都是已经确定的行为方式、方法等，反而忽略了读者的独特性，忽视了读者个体的个性、能力因素等。而本书和其他大量现有的管理类书籍最大的不同点在于，希望能够将读者自身情况与可能遇到的职场情景结合，进而帮助读者找到最适合自己的团队角色和定位。

北京市版权局著作权合同登记　图字　第：01-2022-6472 号。

图书在版编目（CIP）数据

团队角色：助你脱颖而出/英国贝尔宾协会著；

袁永昌，蔺红云译. —北京：机械工业出版社，2023.6
（大师经典）

书名原文：The Belbin Guide to Succeeding at Work

ISBN 978-7-111-73169-6

Ⅰ. ①团…　Ⅱ. ①英…②袁…③蔺…　Ⅲ. ①组织管理学　Ⅳ. ①C936

中国国家版本馆 CIP 数据核字（2023）第 082737 号

机械工业出版社（北京市百万庄大街 22 号　邮政编码 100037）

策划编辑：李新妞　　　　　责任编辑：李新妞
责任校对：王荣庆　陈　越　责任印制：李　昂
河北宝昌佳彩印刷有限公司印刷

2023 年 7 月第 1 版第 1 次印刷

169mm×239mm・7 印张・1 插页・57 千字

标准书号：ISBN 978-7-111-73169-6

定价：69.00 元

电话服务　　　　　　　　　网络服务

客服电话：010-88361066　　机　工　官　网：www.cmpbook.com

　　　　　010-88379833　　机　工　官　博：weibo.com/cmp1952

　　　　　010-68326294　　金　　书　　网：www.golden-book.com

封底无防伪标均为盗版　　机工教育服务网：www.cmpedu.com

致中国读者

自20世纪70年代以来，贝尔宾团队角色方法论一直帮助人们了解自己的优势、向潜在雇主清楚地展示这些优势，并在团队中找到最适合自己的角色定位。

今天，我们所处的工作环境充满不确定性和不稳定性。对有效合作的需求比以往任何时候都要大，而人类行为的本质没有改变。

我们知道，当我们有目标感并且能够发挥自己的优势来实现这个目标时，我们会更加投入到工作中，团队绩效也会随之提高。

继2017年中文版《管理团队：成败启示录》和《团队角色：在工作中的应用》出版后，我们很高兴在2023年推出《团队角色：助你脱颖而出》中文版。

这本实用指南旨在帮助人们，尤其是那些刚刚踏入职场的人，关注自己能为团队带来什么贡献，如何施展和提升自身优势，并通过最大限度地运用这些优势来发展关键管理技能。

从R.梅雷迪思·贝尔宾开始团队研究到现在的50多年

时间里，我们很荣幸见证了团队角色语言在全球的传播。很荣幸与贝尔宾中国携手合作，一起提供各种贝尔宾报告、授证、工作坊和研讨会等，共同传播贝尔宾理念。

无论你选择什么样的职业道路，希望这本书能够为你带来一些新洞见，祝你在职场中脱颖而出。

奈杰尔·贝尔宾（Nigel Belbin）

序

只要手上拥有多种资格认证就一定能够走向成功吗？相信没有谁能够否定资格认证/证书等在职业发展过程中的积极作用。但是，你有没有想过，这些所谓的资格认证/证书也许并没有你想象中那么重要。众所周知，很多教育背景极佳（拥有各种权威证书）的人士在步入职场之后却变得沮丧、失望，甚至是停滞不前。须知，要想在职场中不断进步与成长，需要不断学习各种新技能，无论是管理方面的还是业务方面的技能都应该去学习。

在职场中，如果能够与同事友好相处，而且行为处处得当，将促进个人事业的快速发展。然而，多数情况却是部分职场人士虽因具备某种卓越技能（得益于某些背景或经验）而获得加薪或晋升，但却往往会引来大量质疑声，也有一些人在初始阶段发展得非常顺利，之后却可能处于职业发展瓶颈期，这让很多人感到不解。为什么会出现这种情况：一些人在职场上发展得非常顺畅，而另一些人却常常受阻？这是不可避免的还是可以改变的？又或者这其实与工作的拟定方式以及人与岗位的匹配度密切相关？

希望本书能够在这方面起到抛砖引玉的作用。其实，作为在产业心理学领域扎根逾 60 年的人，我一直对个体差异化行为与能力非常感兴趣，且大部分时间都在研究如何评估职场中人们的表现。对于职场人士而言，工作关系的重要性非常之高，这一点我在 1981 年出版的《管理团队：成败启示录》一书中就已经有所说明，而且人们也逐渐认识到并且开始运用贝尔宾团队角色理论。大量实践证明，贝尔宾团队角色理论在帮助企业识别员工在团队/组织中所做的贡献方面发挥了重要作用。

本书旨在通过列举大量日常工作中可能面临的普遍性问题来帮助读者化解疑惑。众所周知，诸多管理类及商业类书籍给读者的建议通常都是已经确定的行为方式、方法等，反而忽略了读者的独特性，忽视了读者个体本身的个性、能力等因素。而本书和其他大量管理类书籍最大的不同点在于，主要希望能够将读者目前的现实情况及可能遇到的情景结合，进而引起读者的强烈共鸣。如果不能将可能遇到的情景与现实情况相结合，没有谁能够在职场中完胜。

要想在企业发展中获得成长，每一个人都需要清楚地认识到自己最擅长什么、最适合做什么，明确如何才能充分地为组织做出贡献进而实现自我价值。本书虽能为读者指引一个方向，但还需要读者自我长期实践。活到老学到老，但中断学习太容易了。请坚持阅读与思考，同时，也希望各位读者能够享受这一美好旅程。

R.梅雷迪思·贝尔宾（Meredith Belbin）

前　言

自 1981 年我父亲的著作——《管理团队：成败启示录》出版之后，团队角色理论就一直被广为流传。现在，虽然各类管理书籍的数量与日俱增，但真正能够潜心读书的管理者却并不多。贝尔宾一直致力于在全球分享各种知识、各类信息，同时，贝尔宾希望通过一个"通用工具——贝尔宾团队角色理论"来帮助人们更加有效地工作、创造价值和实现增值。

仅凭个人之力写不出这样一本书。本书是多位在团队协作方面有着卓越洞见的专业人士集体智慧的结晶。在此，非常感谢吉莎·洛奇（Gytha Lodge）、维姬·布朗（Vicky Brown）、彼得·兰卡斯特（Peter Lancaster）、乔·基勒（Jo Keeler）、吉尔·库珀（Jill Cooper）、大卫·斑布里奇（David Bainbridge）、黛博拉·麦戈文（Deborah McGovern）、巴里·沃森（Barrie Watson）、伊恩·安德森（Ian Anderson）以及史蒂夫·查德博（Steve Chadburn）等给予的宝贵建议与帮助。可以说，本书是由一个真实协作的团队共同完成的。最后还要感谢备受尊敬、卓越的培训大师布莱恩·戴维斯（Brian Davis），感谢他给予的莫大帮助，他的前沿理念亦融入在本书之中。

奈杰尔·贝尔宾（Nigel Belbin）

目 录

第一章

认识你自己

要想在职场中获得成功,就需要充分理解行为的重要性。只有让企业/上级看到并相信我们的潜能,方能获得晋升的机会。换句话说,必须让上级深信我们不仅有能力完成任务,而且能够出色地完成任务。你是否真的明白其中的含义?你确信自己知道应该怎么做吗?

我们的行为是由我们的言行决定的,是在某种特定情境中的反应。本质上,这是我们如何与他人沟通的基础,也是人们互动的基础。当我们思考在工作中的表现时,我们需要跳出惯常的本能行为这个角度。对职场中人而言,工作本身有一定要求。我们在工作中不仅仅是为了展示出自己的个性那么简单,这也是工作有偿性的原因之所在。

自我的行为倾向

作为一种独特的生物，人类有着特殊的自我习性，这使得人们可以通过具体的行为来做出相应的预测。人们在行为方面让熟悉的人感到惊讶的情况并不少见，事实上，人们似乎很难改变自己的某些行为。

自我的矛盾

虽然我们在日常工作中会不断地改变、调整自己的行为，但我们深知自己还是原来的自己。那么，到底应该如何去协调这些细微的差异呢？我们有没有可能同时表现出两面性？答案是肯定的。我们甚至可以在不自觉的情况下根据具体的环境、情景等调整自己的行为，懂得适应，而且还能表现得极为自然。这就产生了一种矛盾。我们一方面需要考虑如何发展个性特点，另一方面又需要在保持自我存在感的同时走向成熟。

如何平衡这一矛盾呢？这两种情况是不是截然不同的呢？是否每个人都与众不同、每个人都有自己独有的行为模式呢？还是说人们都是变色龙，懂得根据环境来调整自己的行为？其

实，这都是我们最真实的表现。而化解这一矛盾的先决条件就
是认知自我。

自我认知

要想明确发展方向，就必须了解自我。其实，我们在一段
时期内就可能会明白自己喜欢什么以及擅长做什么，但是每个
人都有所谓的"舒适区"，一旦我们远离这个"舒适区"就会
感受到一定的压力。而且，虽然个体特征并不是一成不变的，
但是个体差异在早年阶段就能够表现出来，个人的行为会表现
出不同，而这种差异在职场中可能会产生令人意想不到的
作用。

认识你的潜质

在现实生活中，我们在不同环境与情境中的表现各有不
同。我们常常会展现出自己崭新的一面，也会展示出自我的潜
力。一般来说，自信源于成功，而失败会导致畏首畏尾，而自
我认知有时候也可能出现偏差，有可能存在过于自信或低估自
己能力的情况。自负在某种情况下是极为不利的，没有谁相信
有真正的"万事通"，也没有谁愿意信服一个自我标榜的"全

才"。有些人之所以能够得到多数人的认可与支持是方方面面的结果，一方面，人们能够看到他们存在一些弱点，另一方面，人们更多的是去肯定他们的优势、潜能等。

其实，我们最需要的是来自他人最真实的反馈。这种反馈是客观的、不伤害自我的。只有这样，我们才能够真正认识到自己可能最擅长的领域并朝着这个方向努力。本书后面的章节将会具体分析如何做到这一点，不过在此之前，我们首先需要来分析工作与环境本身（见图 1 – 1）。

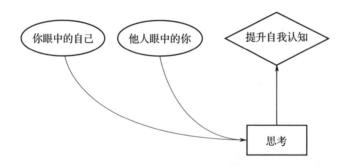

图 1 – 1　分析工作与环境

适应与改变

工作是一个变幻莫测的动态过程，要想在这样的环境中站稳脚跟并取得成功，需要学会调整与变化，这可以通过多种方式实现。

　　许多企业（包括私营企业、上市公司等）均强调所谓的"素质能力"。这意味着要想实现目标并获得同事认可就需要不断地提升自己，朝着"素质能力"靠近。然而，现实情况却是另一番景象。个人的习性、喜好等迟早都会显现，表现出来的情况是：我们与一部分人可以非常愉快地相处、非常有效地合作，而且没有谁能百分之百具备完成全部任务的所有能力。不过，值得庆幸的是，这种差异并不会对员工在职业发展过程中造成障碍或影响效率与产出等。事实上，如果每个人完成某项任务的能力是均衡的，反而很难给团队中的每一个人安排具体工作，也很难决策他们应该与谁搭档。

　　其实，团队成员各自差异化的能力及特征爱好等，反而为团队整体效率的提升提供了条件。因为在一个相对较为互补的环境中，个体在团队中所展现的能力、所能达成的效果可能远远高于个体独自奋斗的结果。对于任何一个团队来说，每一位团队成员都需要清楚地知道自己能够为团队带来的价值，同时还需要清晰地认识到什么工作最适合自己。

　　不论普通员工还是管理者，都会不自觉地选择与自己个人能力及需求相匹配的工作，这也是明确自我特征、喜好等的最重要的原因之一，这会使得人们倾向于逃避可能的风险。但是，如果一家企业的所有岗位都依据员工的喜好来设置，那么这家企业迟早会被市场所淘汰。因此，需要懂得平衡个人与企业两方的需求。

在面试阶段这一点就有所显现。通常来说，在求职过程中，我们需要展示出自己过往的工作经验以及对工作的热情等，但是，你应聘的岗位可能并不适合你。这一点在初期的影响可能并不明显，毕竟在多数情况下，岗位要求难免会被夸大，甚至言过其实。

另一个常见问题是个人的不确定性：个人不清楚自己真正想要做的是什么。没有谁会在不想换工作的情况下承认有这样的状态。人们面对这种情况时最常用的做法就是更加突出自己各方面的能力，而不是去思索自身的意愿问题。殊不知，长期来看，这样的做法对自身发展非常不利。

要想成为高价值人才，就必须认识到两点。其一，明确认识到企业各方面的需求；其二，需要评估并认识到最适合自己的工作/角色。 那么，到底应该如何着手投入工作？如果连自己都不清楚自己的才能是什么，又如何能够自我定位并取得进步、获得发展呢？

管理的精髓就是让对的人做对的事。这一点对于团队来说表现得更为明显，因为，人们可以在团队协作中不断地认识自己，理解自己的职责。

小结

- 充分理解并管理自我行为是个体在职场中生存并获得发展的关键。
- 懂得适应环境、做出变化是职场生存法则之一。
- 日常工作中需要注意与他人沟通、相处的方式、细节等。
- 将合适的人放在最合适的位置。

第二章

岗位与职责

能找到一份完美的工作不是很好吗？但问题是，这种为个体量身定制的理想工作是否真的存在？与其这样纠结，不如换个角度分析这个问题。比如，思考是否存在能够让自己的潜能充分发挥出来的企业/组织？答案虽然是肯定的，但不去努力肯定是找不到的。因此，在考虑更换工作的时候，首先需要仔细分析提供给你的这份工作的职责及性质等，然后明确这份工作是否适合自己，进而才做出是否要接受这份工作的决定。

通过在线求职或者报纸广告等途径求职时，需要警惕"徒有虚名"的岗位名称实际上与工作本身及岗位职责等相差甚远。职位名称和岗位描述是专门为了吸引求职者而设计的。例如，防治虫鼠主任其实就是捕鼠人；清洁工程师就是擦窗员；货物补给顾问其实就是超市货物上架员；销售主管虽然看似资深，但实际工作也许只是每天打陌生电话进行销售而已。

因此，"顾问"是一种用于提升职位专业性与层次感的概括性术语。基于这个原因，很多情况下"顾问"这一职位名称并没有多少真实工作内容。其要表达的意思是"我们随时都在迎接你上岗"。

那么，到底要从工作中获得什么呢？最理想的状况是找到一份有足够职业发展空间的工作。例如，可以从网上搜索关于潜在雇主的各种信息开始，但须知可能存在企业外部形象与内部文化有差异的情况。

通常来说，公司的官方网站并不能够展现出求职者所需要了解的详细信息。企业通过官网对外展示公众形象、发布官方信息。所以，有时候很难通过官网获得对潜在雇主的实质性认知。

与之相比，面试的效果就截然不同。通过面试有机会获得自己想要了解的相关企业的信息。但做到这一点的前提是能够获得面试机会。毕竟，在没有完全明白一份工作是否适合自己的时候，个人最好还是不要轻易浪费这样的机会。那么应该怎么做呢？

首先，要表现出很高的热情。对于一份极具吸引力的工作而言，一定会有很多人参与角逐。作为求职者就需要确保面试时的个人表现与简历内容等相匹配，所以对简历与自我的包装就成为必然。

通向成功之门

千万不要忽略一些最基础的东西：个人简历与职位申请表内容一定不要出现低级错误；不要因为各种借口迟到；面试着装要十分得体且符合面试官的期望；面试前要了解关于面试企业的一些基本信息——面试前对企业基本信息的了解将有助于候选人在面试过程中问答得当。最后，务必要确保自己对企业基本业务情况的了解，否则，很难给面试官留下深刻印象。

亲和力也是面试成功与否的关键影响因素。在面试前需要考虑到在面试中可能出现冷场的情况，因此，需要准备一些可以打破尴尬局面的话题，同时要围绕面试官所谈论的内容进行沟通。不排除有部分面试官并不是很善于言谈，甚至在面试过程中会遇到候选人与面试官角色互换的情况。此时，候选人通常都会不断地赘述自己有多么的优秀，殊不知，此时应该用简练的词语精炼地阐述，而不是一味地喋喋不休。

在面试过程中，向面试官提问的时候切莫提出非常刻板的问题，适当的妥协也是面试的要点。例如，用合理的方式以及确切的语言问及一些关于工作性质等方面的问题，这能够有效地展示出你对这一工作、岗位的热情。千万不要唐突地询问诸如"一般会加班到什么时间"等问题。总之，反问面试官的基本法则就是基于个人兴趣等提出一些切实相关的问题，而不要表现得像是因为需要问问题而不得不做出回应。

面试中如果能够表现出个人具备岗位要求之外的一些兴趣及能力，会是一个让自己脱颖而出的方式。而且，这会让面试官了解你最能发挥优势的地方，也将帮助你在拿到录用通知书之前重新认识所申请的岗位。在工作申请的前期阶段，要不断地展现自己的才能以及工作热情与期望等，因为后期很难再有这样的机会。

贝尔宾工作特征问卷调查：差异化的工作动机

当你对意向雇主进行详细调查分析之后，基本上就能够确定自己的需求了。但是如何保证面试官和你是同一个思路呢？不要想当然地认为每一位候选人都做了和你一样的准备工作。对于所有候选人来说，有部分基本需求是相同的，但个人动机的差异性往往很大。

当问到工作动机时，各种新鲜的答案层出不穷。部分候选人主要是希望获得更具竞争力的薪资、兴趣使然、较高的就业安全感等；另一些候选人则是为了寻求更具有挑战性与竞争力的工作；还有一些候选人则主要是考虑到自己的素质、技能等与工作的匹配度。

下面这幅饼状图是针对 100 位管理者填写贝尔宾工作特征问卷（JFQ）的调查结果，这一份问卷主要调查人们希望从工作中获得什么以及在工作中看重什么。研究结果显示，人们工作的动机非常之多，但是这些动机大都集中在"工作内容""驱动力"以及"生活方式"这三种主目录中，图 2-1 所示是此目录下的详细情况。

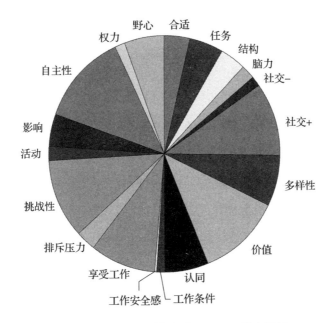

图 2-1 贝尔宾工作特征问卷（JFQ）调查结果

如图 2 - 1 所示，不同分组之间的调查结果各不相同。其中，自主性、挑战性、社交性和享受工作本身这几项得分最高，而工作安全感得分较低。有一些原因是显而易见的，而另一些则是非常复杂的。不过，可以肯定的是，对于工作动机这件事，每个人都有自己的专属答案。

不断变化的需求

人们的工作动机是不断变化的。相较于 60 岁时而言，20 岁时人们更多的是在寻求刺激、挑战及多样性。每个人的追求也会随着年龄、需求以及环境的改变而不断变化。例如，自尊与对地位的追求紧密相关，而坚定不移的信念可能是源于内心强烈的渴望等。

美国心理学家马斯洛在 20 世纪 40 年代提出了作为人的动机基础的需求层次理论。马斯洛指出，动机是由多种不同层次与性质的需求所组成的，而各种需求之间有高低层次与顺序之分，每个层次的需求与满足程度将决定个体的人格发展境界。需求层次理论将人的需求由低到高划分为五个层次，只有基础的需求满足之后才会发展更高一层次的需求（如图 2 - 2 所示）。

图 2 - 2　马斯洛需求层次理论

马斯洛需求层次理论

理解人们这几种需求之后，方能理解人们工作的动机。一方面，你希望这份工作能够充分地满足自己当前的各种需求；而另一方面，面试官又希望你能够符合岗位候选人的期望要求，同时能与企业文化相适应。总而言之，需要协调这种双边需求。如果没有将二者有效对齐，这份工作自然会与你失之交臂。

小结

- 明确理解工作所涉及的各方面内容。

- 为面试做最充分的准备。

- 明确工作的动机并清楚地了解个人需求的变化。

第三章

自我角色定位

恭喜你终于如愿以偿找到了心目中的工作。在入职几个星期之后，你可能对企业的具体情况有所熟悉，此时就需要确定如何将自己的能力有效地发挥并为团队做出贡献。如果可以，最好能够找到一位可以与其快乐共事、相互协作的同事。虽然每个人的关注点可能有所不同，但是有必要形成一种富有成效的工作关系。而这其中主要受自己支配的工具就是语言，但为什么并不是在所有情况下这都奏效？

沟通是必要的，也是十分关键的，但是，工作中的语言容易让彼此产生误解以及分歧，而这种误解与分歧又会引起内部矛盾，造成困扰。在需要提升团队协作效率的情况下，对他人的评价通常较为主观、简单且无益。相应地，如果有一种通用、有意义的语言，就能够避免这种自我与团队成员出现隔阂的状况。

亨利管理学院：一项长期实验

20 世纪 70 年代，在贝尔宾博士的领导下，英国剑桥大学产业培训研究部在亨利管理学院开展了有关团队的专项试验与研究。该项实验重点研究了"为什么一些团队获得了成功，而另一些却失败了"。研究人员采用了模拟场景的观测研究法，历时 10 年，最终取得研究成果。

该团队实验在亨利管理学院进行，研究人员模拟工作场景，组织多场管理沙盘，涵盖了商业环境中影响决策制定的所有变量。实验的每一个阶段都经过仔细测量、科学设计。所有实验参与者都参加心理测试以及针对个人推理能力测试的批判性思维评估。同时，根据测试及评估结果，针对不同团队设定场景。实验所分成的团队共计有七个，每一个人的详细表现和贡献都会被观察、记录并分类存档。经过为期一周的管理沙盘之后，每一个团队（代表着一家公司进行运营）的成果以财务方式展现出来。这样就能够将所有团队进行较为直观的对比。

有趣的是，为什么人们一开始在潜意识当中会认为高智商团队一定会成功、而低智商团队会失败？但研究结果发现，有一些被认为有着成功潜力的高智商团队最终却没有发挥好自身的潜能与优势。

事实上，影响成功与否最主要的因素不在于团队成员智商的高低，而在于团队成员是否能达到有效的平衡。**研究发现，那些成功团队都表现出团队成员角色的兼容性，而失败团队的共性是团队成员角色冲突。**因此，可以运用心理测试及批判性思维评估信息来预测团队成员各自的角色，最终来分析哪些团队能够成为赢家、哪些又注定会失败。

该研究还有一个非常有趣的发现，那就是面对同一情景，不同的人的反应迥异。通常来说，如果团队成员不能有效地融入团队，个体差异会导致组织崩溃。反之，如果能够有效地识别团队成员的特征，他们会凝聚成强大的力量，产生巨大的价值。因此，识别团队成员差异成为管理团队的先决条件。

最成功的团队通常都是由性格特征、行为方式各不相同的人员组成的。研究发现并确定了八项极为独特且非常有价值的角色。我们将其称为"团队角色"。在随后的阶段，又发现了第九种重要角色。自那时起，这九种团队角色理论就被全世界的企业以及团队所采用。大量事实也证明了团队角色理论的有效性与价值。不仅如此，团队角色理论还能够帮助个人在工作中展现出巨大的价值。而这一切就取决于你的角色定位。

团队角色主要是指个体在行为、贡献以及与他人相处时独特的个人行为表现。以下是贝尔宾九种团队角色。

九种团队角色

智多星

智多星（PLANT）的特点是创造力强、想象力丰富、不墨守成规且善于解决疑难。在管理实践中，研究发现，一家企业中如果没有一位"智多星"存在的话，就很难擦出火花，甚至可能错失成功的良机，因为当问题十分复杂的时候，好的理念和好的想法就特别珍贵。

"停下——规则不是这样！"

在日常工作中，智多星很容易被识别，尤其是在面临难题的时候，智多星的思维方式与常人不同，创造性也十分突出。而且，经常可以听到他们在团队面临难题、绞尽脑汁的时候大声说："我想到啦!"这样异乎寻常的思考在很多情况下是十分必要的。但是，正是由于智多星们先天的各种思维特质，通常他们更倾向于与其他团队成员保持距离，运用自己的想象力独立完成任务、标新立异。因此，要充分挖掘智多星的潜能，需要将这类人放置于团队中有足够创新空间的位置。

因此，真正的智多星不仅需要极具创新力，同时也要具备横向思维能力。然而，遗憾的是，允许员工有这种行为的企业并不多，在很多企业中智多星反而被看作"捣乱分子"。殊不知，智多星在团队里最关键的作用就是能够启发思考、出谋划策。如果缺少这种创新以及新的提案与解决方案，团队有陷入困境、停滞不前的风险。同时也会存在另一种极端情况，即过多的智多星集中在一个团队中会产生副作用，因为他们每个人都会过于强调自己的想法，容易陷入唇枪舌剑之中。

审议员

审议员（MONITOR EVALUATOR）是态度严肃、谨慎理智的人，善于三思而后行。

  审议员是《华生—格拉泽批判性思维评估表》（Watson-Glaser Critical Thinking Appraisal）中典型的高分获得者。亨利管理学院进行团队研究时，把《华生—格拉泽批判性思维评估表》作为一种测量方式，来识别各种不同能力。研究发现，审议员逻辑清晰且善于分析，他们通常会非常客观地运用各种方式对智多星提出的各种理念及方案进行详细推敲。审议员时而极具批判性，时而多疑、冷静，甚至对过分热情有着与生俱来的免疫力。团队中如果没有审议员来权衡智多星提出的各种观点与方案的话，一些荒谬且不切实际的方案可能被采用，容易造成时间与金钱的浪费。

  审议员的代表图标是一只能够将一切尽收眼底的眼睛。从空间角度理解，审议员通常会以一种旁观者的姿态来审视整个团队/组织的行动。但切莫错误地认为他们是被隔离、孤立的，与之相反，每当团队需要分析问题、评估想法和建议的时候，团队成员都会将目光投向审议员。审议员善于在考虑周全之后做出决定，如此能够防止团队因为主观及感情因素出现判断偏差等情况。

优秀的审议员懂得找准批判的时机，也懂得把握批判的尺度。一项研究发现，当团队成员在高呼"我想到了一个好办法"时，审议员通常给出的反馈只是若有所思地点点头，紧接着就会问出一系列关于方案如何实施、有何效用、成本情况的问题，所有的表现都是作为一个审议员应有的职责与特征。假如当你提出提案、建议后，收到的反馈是"这不合适，也行不通，一定行不通"，此时你面对的更有可能是悲观主义者而非审议员。你是否已经明确了其中的区别呢？审议员的批判性是建立在逻辑思考之上的，而悲观主义者不是。

成熟的智多星对于审议员的批判是持接纳态度的，这有助于决策的有效性与准确性。而达到这种效果是一种艺术的平衡，如果不能实现就会出现一些其他极为敏感与尴尬的状况。比如，当一位独创性极强的智多星遇到一个极为强势的审议员，就会出现互不相让的情况，此时就需要协调的角色。

协调者

协调者（CO-ORDINATOR）不仅能明确目标，同时还能促进决策、凝聚团队力量向着共同目标迈进。

协调者最突出的特征就是能够用人之长，协同团队力量向着共同目标努力奋斗。成熟、自信都是他们的代名词。且不论职位的高低，协调者是天生的会议策划人、统筹人，协调者最擅长统领一支由拥有不同专业技能、性格各异的人员组成的团队。同时，协调者具备这样的特点：快速识别他人长处、知人善任、善于合理分配及安排工作以充分发挥每一个人的优势。

在会议或团队讨论中，协调者能够有效地管控局面，让每一位团队成员都有机会提出自己的观点。当智多星在慷慨激昂地描述自己的新观点与想法的时候，审议员可能会表现出轻蔑或是批判的态度，此时协调者就能够在中间起到协调作用，使二者能够愉悦相处，并相互尊重。

智多星、审议员以及协调者不仅可以组建成相处十分融洽的团队，还能够以极具协作精神和创新精神的方式共同激发灵感，促进整个团队的进步与发展，但这种情况是以他们每个人都实质性地参与到工作当中为前提的。

执行者

执行者（IMPLEMENTER）通常自我要求较高，有较强的自我控制力及纪律意识，有条不紊，喜欢体系化、结构化工作。

执行者属于非常专注任务与实干的类型，他们的可信赖度较高，通常会被委以重任。

当没有人将任务启动或落地时，执行者的作用就十分明显，其有条不紊的执行方式备受大家的认可。因此，虽然执行者在整个团队中可能并不是最抢眼的，但如果没有他们脚踏实地的奉献与努力，再好的观念与方案也很难落地，团队也很难取得成功。人们通常会倾向于选择自己喜欢、擅长或是比较容易做的工作，但是对于执行者来说，他们不仅不会对任务挑三拣四，而且会一门心思将工作做到最好。

执行者在贝尔宾团队角色理论中的代表图标是一组齿轮，意指企业、组织及团队中的重要组成部分，他们的价值在于不断奉献个人价值并促使团队成长。和疯狂的智多星相比较，执行者具有较强的组织性，也比较乐于服从安排。

但凡事具有两面性。齿轮的特性就是一旦在这个位置与环境中运作，要想改变其运作方式及方向就非常难。执行者偏好可靠且流程清晰的工作环境，他们欠缺弹性且容易对变化产生抵触情绪。如果不断中断或改变任务的执行方式、方向，执行者的表现以及作用就会大打折扣。

完成者

完成者（COMPLETER FINISHER）苛求完美，非常关注标准和细节以确保各个方面都朝着尽善尽美的方向发展。

"刷第四层，以防万一……"

大海捞针到底值不值得？如果真的遇到这种情况，完成者就能够体现出其独有的魅力与能力。在贝尔宾团队角色中这是一种勤勉苦干的角色。完成者的工作投入度较高，专注且一丝不苟地关注计划、方案、产品、报告等各方面的细节，以确保各方面都以最完美的方式呈现。完成者同时也是质量的把关者，包括前期的投入、中期的监督以及后期的审查等，直到呈现出最佳的劳动成果。但也正是因为完成者过分苛求完美以及对质量的痴迷，反而容易造成项目延误，从这种意义上来讲，完成者在做锦上添花的工作而非真正意义上的完成任务。

编辑人员就极可能是完成者类型，这一点在他们的团队角色简介中就能凸现出来。在编辑人员将好的观点整理成文时，原有的创造性团队角色特征可能会消失，此时，对于编辑来说，工作才刚刚开始。他们会竭尽全力确保没有任何拼写、语法及逻辑错误，希望在整个过程中的各个环节都准确无误、毫无瑕疵。

当你与完成者交涉的时候需要有这样的思想准备，虽然他们表面上看上去很淡定，其实通常都倾向于过分焦虑。他们只有在项目完全结束或有满意的成果时才会松懈下来。焦虑的另一面就是所谓的自满，但他们绝对不是狂妄自大之人。与此同时，过分的焦虑以及对细节的渴求也是要付出代价的。这种代价就是强迫倾向，不愿意别人介入自己的工作。这就容易使得完成者们产生超负荷之感，因此经常倍感压力，需要团队成员们的关心与鼓励。

现在，来看看你的团队情况：由智多星提出创意性的观念与方案，审议员对该方案进行评估和衡量，之后执行者将方案落地，而完成者又会对整个项目实施等各方面的细节进行分析与检查，协调者全程都会不断地去协调让整个团队能够有效地沟通与协作，这就够了吗？当然不是，他们还需要聆听来自另一个人的建议。

是否关注过竞争对手们的最新动态？是否能够降低成本？应该选择何种产品营销方式？你愿意接受有过相同项目管理经验的人士给出的建议吗？就算你现在已经能够确定此前我们谈到的各种团队角色，你的团队依旧会面临风险，因为以现有团队的情况分析，还缺少一位汲取团队外部信息与观念的人。

外交家

外交家（RESOURCE INVESTIGATOR）为人热情，好奇心强，且善于挖掘并把握机会。

如果用"灵光一闪"来形容智多星的话，外交家就属于"灵感一箩筐"的类型。智多星是在团队内部激发灵感，提出创新型的观点；而外交家善于将团队内外部的资源、信息等有效结合。外交家最醒目的特征就是性格外向且敢作敢为，这一点与审议员的悲观、谨慎形成强烈的反差。但外交家的这种乐观也有其不利的一面。与智多星类似，一旦没有他人的持续激励与认可，其热情很快就会消退，但这并不代表着否认外交家的能力及其为组织和团队带来的贡献与价值，尤其是他们充分运用个人的激情与热情来拓展业务、延伸发展空间的能力。外交家拥有好奇的天性，不仅善于发现企业所需的最佳工具、产品，同时也十分善于与人交流，因此积累了一套从事商业活动的技巧，尤其是在产品销售与服务方面的优势非常明显。研究显示，外交家在求职方面较其他团队角色的成功率更高。此外，由于外交家们对于市场信息的理解以及机会的把握，使得他们十分适合当自雇佣者。总之，大家对外交家一致的评价是——几乎从来不在自己的办公室，如果在的话，一定是在打电话。

热情的另一面意味着三分钟热度，这也是为什么外交家需要不断地被激励，否则很多事情很难持续，甚至会出现失败的危机。换句话说，任务交付是他们的弱项，也是他们需要依赖团队其他成员的关键点。

鞭策者

鞭策者（SHAPER）活力无限、充满干劲且具有较强的驱动力。

"您好！汤冷了，可以帮我们换一碗吗？"

当项目/任务接近交付时间或即将达成目标时，鞭策者的身影就会显现。鞭策者在任务管理方面的做法和能力、在敦促团队成员继续奋斗努力方面的能力备受人们赏识。不过这并不表示他们所有的行为都被人们认可和推崇。此外，虽然鞭策者与外交家同样性格外向，但鞭策者更加顽强和自信。

在团队当中，鞭策者最突出的贡献在于能够持续不断地为团队注入活力，同时提升紧迫感。由于鞭策者渴望成功且敢于面对挑战与困难，所以很容易做出成绩。与之对应，鞭策者的缺点在于好争辩，这就导致多数鞭策者很容易与他人产生摩擦与冲突，有时甚至具有较大的破坏性。所以，团队中如果存在太多鞭策者，鞭策者可能会一不留神就容易"因小失大"，因此，鞭策者需要与能够使其降低紧迫感的人协作。

凝聚者

凝聚者（TEAMWORKER）为人圆滑，擅长人际交往，受人欢迎且不易与他人发生摩擦。

如果鞭策者的某些行为让你感觉不自在，而协调者又给你安排了诸多任务，此时凝聚者就能够帮助你缓解这种情绪。凝聚者是团队中最为圆滑也最为敏感的人，他们能够帮助团队成员们感觉自在，让环境变得轻松，同时其善解人意的特征也使其成为不错的聆听者，他们能够充分利用直觉营造十分融洽的

团队氛围。优秀的凝聚者通常都是团队中非常受欢迎的人。凝聚者不仅对团队成员关怀备至,也十分关注整个团队的发展状况,他们不仅洞察力强,而且善于与人交往。在团队中,当鞭策者的引导方向出现偏差时,凝聚者就能够起到绝佳的润滑作用,不仅能够让大家继续保持良好的协作关系,也能够承担紧急工作。

凝聚者的缺点在于过分关注他人的想法,以致偏向于取悦别人,因此对负面信息通常只字不提,这也使得他们在紧要关头过于优柔寡断,进而影响团队成员的判断与行动。

第九种团队角色（THE NINTH TEAM ROLE）

在亨利管理学院初期的实验研究阶段，设置的条件尽量避免先前获得的知识与经验在管理沙盘中发挥作用。因此，参与实验研究的团队成员在起点上都是平等的，并没有谁从一开始就占有优势。实验环境都是后天人为设定的。但就算如此，每一个项目都有其开始的地方，这就表示总需要那些对主题或任务了解多的人首先参与进来。从本质上来说，真正的专业师能够聚焦于某一特定领域，并时刻准备或处于积累并拓展专业知识的状态，以保持他们在特定领域中的专业性，成为真正意义上的专家。所以，团队角色中专业师的表示方式是首字母"S"大写。

专业师

专业师（SPECIALIST）专注、执着，且时刻准备着学习和积累更多知识。

"专家"一词意义较为广泛，也十分常见，所以可能容易导致对"专业师"角色的理解存在偏差。贝尔宾团队角色中的专业师具体是指一种行为方式，而并非所谓的职位名称。因

此，在贝尔宾团队角色中，专业师并不代表某一位在学术或者
技术方面有着优质背景的人。

从这个角度来理解，专业师就是致力于聚焦在自己擅长领
域的个体，对某一特定领域或主题的探究意识较强的人。

不仅在职场上如此，日常生活中也很容易看到这方面的例
子。比如，专业师在买了一款新的手机、单反相机之后会研究
其说明书，直到完全掌握各种功能。专业师对知识的渴望非常
强烈，这一点十分宝贵，也使得专业师在许多情况下具备不可
替代的价值。因此，贝尔宾团队角色中的专业师并不是指某个
在学术以及技术方面有着深厚背景的人，而是指具有非常天然
行为的人，而非某些拥有具体证书的人。

场合得当的话，技术知识和兴趣有着非常宝贵的价值。但过分向其他并没有这方面兴趣的人士炫耀专业知识时，也会让其他团队成员避而远之，毕竟他们对此并无兴趣。但是专业师并不会因此有所变化，还是会像之前一样不断地去分享。

自我定位　找准你的角色

上面已经对贝尔宾的九种团队角色做了简要的介绍和分析。要想团队成员能够有效协作并取得好成绩，每一个组织／团队都需要这些角色。如果能够将团队中的这九种角色安排得当，就一定能创造非常高的价值。但前提是团队中的成员能够找准自己所属的角色。

贝尔宾团队角色理论同时还指明了各种角色的优缺点。但并不是说列出的缺点都可能产生问题。倘若能够准确识别团队中的每一种角色并给予他们认可，这九种角色一定可以实现相互平衡。

要想在团队中充分彰显自己的价值，就需要找准、明确自己在团队中所属的角色。我们每个人都有自己独特的角色排列组合，就如同指纹，每个人的指纹都不一样。这将成为你自己工作风格的基础。

自我评价与观察：为什么别人的观点那么重要？

虽然所有的团队角色都是从行为的角度去衡量的，但如果仅是对团队成员的个性感兴趣的话，其实没有谁比你更了解自己。

通过行为表现来进行分析自己，就完全是另一番光景。有时候你想传达的可能和别人理解的并不相同，出现这种情况时，就十分有必要关注并倾听他人的反馈和对你的认识。虽然自我感觉与认知能够表明到底你是如何认识并看待自己的，殊不知这只是潜意识中自己的希望，而仅仅依靠对自我行为的感知其实是很难提高自我认识的。

在职场中，你真正关心和在意的到底是什么？其实往往就是直线管理者、同事以及下属对自己的看法，因为很多情况下企业对于你的评定及任务安排都会受到这些因素的影响。因此，为了从更广的意义上来了解自己到底是一个什么样的人、别人如何看待自己，观察与评估就是一种非常不错的方法。其结果将反映别人对你的看法。而且，你还能够基于这些及时调整自我状态和行为方式。简言之，能够帮助你明确自己在职场上和工作中的表现。

小结

- 对于团队来说，高价值行为并不多。

- 需要理解如何在团队中有效地平衡九种角色。

- 找准自己的团队角色，明确自己角色的行为表现。

- 面对现实并接纳别人的反馈。

第四章

塑造并管理自我形象

通常来说，每个人对于团队角色的判断并不是一成不变的。每个人都有自己的个性与偏好。如果你想说自己已经找到了一种准确测量的方法，可以供你一生来了解自我，那是极为荒谬的。同样地，想要在各种角色中都有鲜明的表现也是不现实的。何来此言？因为每一个人都有自己独有的特征，再加上后天环境的影响，才造就了我们每一个人。

如此说来，最关键的还是要找准自己的角色，之后需要根据不同的情景、环境及团队成员各自的特征不断地消化与适应自我角色。只有这样，才能找到属于自己的位置，并表现出最好的一面。生活是五彩缤纷的，它最绚丽的地方不是你选择成为"狼"一样的人抑或是"羊"一样的人，而是懂得何时选择成为哪一种角色。

树立鲜明的自我形象

本书的主要目的就是帮助读者识别自我的行为方式与贡献。如果想要在职场上呼风唤雨，就需要树立鲜明的自我形象：独一无二的团队角色优势与潜力。如果自我形象足够鲜明，你的直线管理者及同事就能充分认识你的才能，发挥你的潜力。

比如，学习一些有自我特色的用语以加强自我特性的展现，并强化个人在他人心中的形象。在自己擅长的方面表现突出，尽量避免那些可能无法胜任以及别人能够比你做得更好的任务。这种策略不仅能够引起他人注意，同时能够帮你获得那些更适合自己的任务，也可能帮你获得机会，被安排在与个人特质非常匹配的合适岗位。但这套方案的前提是你能够在最适当的时机充分展现并运用自己的才能。

适当的自我展示

接受自我角色定位以及展示自我长处其实是一种信念，而非故步自封。既然已经非常明确自我的优势，接下来就需要确保他人也能够识别并认可你的这些优势与长处。当你在某项工作的某个具体环节表现得非常优秀时，需要适当表现出自我成就感。但提及这种成就感时不仅是为了鼓励自己、说给自己听，而是为了让雇主知道，因为这是一种让雇主觉得他们的工作安排非常得当的反馈方式与标志，随之雇主就会认可并相信你的工作能力。总之，让企业或者同事慢慢地发现个人长处对你和雇主而言都没那么容易。

显然，没有哪一位管理者会对那些夸夸其谈却不能说到做到的人印象深刻。但如果你能够在适当的时候表现出你在某一领域中的兴趣与能力，并且强调自己能够胜任这类型的工作，之后付诸行动来证明自己所说都属实，这样自然而然会受到管理者的赏识、尊重与认可。

突出自我形象的好处是不言而喻的。首先，他人会对你产生一种期待，这样一来你所要承担的职责或工作就会呈现在你面前，同时还能够在团队中充分树立自我形象，如果做到这一步，其实就意味着你已经走上了成功之路。问题是凡事总有其另外一面，这同样也有风险。比如，如果团队中已经存在你这种类型的人呢？所谓一山不容二虎，此时就需要将这二人分离。但是团队角色理论最基本的前提是绝对不能够诋毁或者诽谤他人，而且自我的团队角色定位也不允许我们犯这种错误。

必要的角色牺牲

在理想状态下，充分发挥自身长处、克服自身弱点这一策略有助于形成最佳协作关系。但这种理想状态在现实中并不常见。很多团队和理想状态之间的差距非常明显，而且这种差距并不是偶然的。当前很多企业倾向于招聘特定类型的员工，这样能够确保一致性，但最终将不可避免地走向所谓的"克隆"。这种情况下，如果团队中没有人可以担任某一关键角色，且其他团队成员同样缺乏这方面的能力，那么留给团队的选项就大大减少。从这一点推断，团队中总是需要有人做出一点牺牲，来承担那些与自己天生的角色并不相关的职能。

有这么一类人，他们非常明白各种团队角色的需求，而且也时刻准备着隐藏自身的特质而充当团队需要的某种角色。想象一下，一次团队讨论会议中，没有任何人整理会议纪要，每个人都有一种"这又不是我的工作，我为什么要做"的情绪，但如果没有人来承担这项责任，这个会议等于是无效的，会上的努力成果也可能会付诸东流。责任感会驱动某个人认识到这个问题并且会承担这一他人不愿意承担的工作。

当然，此时责任感并不是唯一的驱动因素。例如，意识到紧迫性与必要性之外，还需要有意识地模仿并采取团队成员所期待的、符合角色定位的行为方式。不仅行为表现上需要符合团队其他成员的期待，同时也要符合该角色应有的行为模式。是否能胜任呢？如果自认为具备这方面的能力，那么将会有大把的机会等着你。如果能够有效地把握机会并且成功驾驭的话，你一定会被他人称为"万能的人"，备受他人爱戴。

学会角色牺牲通常很难实现，任何选择自我角色牺牲的人都意味着对于真的自我有所保留。原则上需要考虑："对自我优势进行隐藏和保留的情况需要多长时间？"而对于这一问题很难给出明确答案，他们的行为表现会让他人诧异和震惊。还会出现一种极端的情况，即一个非常有价值的员工却需要放弃自己的优势去承担另一种职责，但此时并没有给予他相应的回报。这背后的真实原因在于好的表现背后往往需要高昂的个人成本，而发挥个人所长这个行为本身是不需要多余成本的，问题在于，个人对于压力的承受能力是有限度的。

当然，学会自我团队角色牺牲对于整体团队利益来说价值极高，虽然这可能只是一种权宜之计。如果团队中某个人很难将其他人按照合理的方式组合起来，就可能需要大量的团队角色牺牲，如何达到平衡是其前提条件。

成为角色标杆

让主要的团队角色步入正轨且能够充分展现自我潜能并不容易,可以说有很长的一段路要走。但是,一旦要做审议员就意味着一定要做一个优秀的审议员。一定要做到从优秀到卓越的蜕变,否则就毫无意义。无论你希望自己是哪一种团队角色,要想成为标杆,都需要懂得取舍,懂得对有些事情说不。可以肯定的是,一旦决定自己将承担团队中的某种角色后,你就必须快速上道,懂得哪些是你这个角色应该做的,而哪些应该是需要避免的。具体建议如下:

如果你是智多星

作为智多星,要运用自我的创造性来激发创新性思维,给出问题的解决方案,而不能像团队其他成员一样采用较为传统的方式,应该采用一种新的视角来解决问题。尽量充分运用自我优势从新的角度去分析问题,并且要选择用最简单的方式向他人阐明自己的观点。

不要想着去评估自己所提方案与观点的可行性,团队中有专人会承担这一职责。尽量克制自己不要过分宣扬自我的观点和想法，和其他人协作才是最好的成长与发展的方式。切记，要想获得真正的成功，就需要明确：团队利益第一，个人自豪感第二。

如果你是外交家

作为外交家，要有长远眼光，尽量跳出团队的局限才能有更多的机会。你需要寻找的是团队中他人很难预想和找到的新市场，同时需要运用各种资源开发、整合智多星的观点及方案，使之发挥效用。充分运用个人的激情、能量及乐观态度激励并感染他人。

切莫因为自己忽视了跟进所安排的任务而让团队成员失望。与客户的关系需要长期维护，而不是在需要的时候才联系。同时，避免说得太多，避免对他人造成伤害，铭记团队中并不是每个人一开始都敢于站出来，他们需要其他因素的推动。团队中的每个人对团队来说都是非常有价值的，只是自信心不足而已，尤其在你夸夸其谈的时候。

如果你是协调者

作为协调者，要充分运用冷静、沉着、成熟的天性构建一种能够让每一个人都参与讨论的环境。不仅要深刻理解其他团队角色，也要有效地平衡各种角色，防止鞭策者过分主导，同时给予他人发言的机会。运用表扬、鼓舞等方式凝聚团队并促使团队共同成长与发展。

不要独揽团队的功劳，因为这可能导致他人的不满，也不要想着炫耀自己高人一等的身份，不要试图操控他人。如果团队成员发觉你在利用他们或你没有尽你所能，他们就不会再接受你的引领与指导。

如果你是鞭策者

作为鞭策着，需要确保团队不断进步。要运用个人能量激励他人，防止团队成员出现自满与懒惰情绪。充分利用自身正直和坦率的特点，激励他人前进，同时能够与成员坦诚相待，这样就能够让团队成员明确自我在团队中的位置与角色。鞭策者还需要鞭策整个团队不断前进，直到达到所有预期目标或项目完结为止。

切忌心怀怨恨或咄咄逼人。尽量不要将"故意干扰别人"看作一种"美德"，同时确保在陷入困境时能够体现一定的幽默感。当你发现需要谴责别人行为不当时，可以采用一种比较幽默的方式。

如果你是审议员

作为审议员，应该为团队提供比较客观的建议。做到保持中立，尽可能地运用分析能力与技巧，确保随时都能够解释并验证自己所做的决策，如此方可避免出现团队成员指责你过于保守和悲观的情况。此外，审议员也要能够大度地接受他人的质疑，即使受到鞭策者的抨击，在需要做决策的时候依旧要保持自己的风格，切莫操之过急，这样就可以尽可能地避免判断失误或是其他意外状况的发生。

在没有充分理由的情况下，切莫对自己并不是很喜欢的地方过度批判，如此他人才会尊重你的观点。不要在听到任何让你觉得倍感压力的事情时立马给出消极的反应，而应该运用自己的战略思维避免因过于草率而出现问题，避免打击团队成员的热情和干劲。

如果你是凝聚者

作为凝聚者，要随时关注团队成员的需求并及时给予帮助，营造一个良好的团队氛围。在别人最需要帮助的时候，运用个人的优势及时给予支持，同时化解各种摩擦与冲突。只要能做到这一点，就很容易获得团队成员的肯定与支持。

不要与控制欲较强的人"组团"，这样可以防止冲突的出现，同时也不要逃避压力。越是关键的时候，团队对你的需求就越大，要在最需要的时候挺身而出。切记，必要时需要牺牲自我的短期利益，以维护整个团队的长期利益。

如果你是执行者

作为执行者，要为团队构建能够提升组织效率的系统，并且确保自己及团队成员按照这一系统开展工作。用务实的心态去做你需要做的事情，尤其是将观点落地实施的时候，要确保团队成员都切实投入到工作当中。如果可以，让其他人看到你的努力程度不亚于任何一个人，让他们能够理解团队所设定的每一个标准以及目标都是每个人的目标。此外，要自始至终保持对团队的高度忠诚。

切忌阻碍变革。新观点非常重要，不要妨碍别人带来新观点。在采用某种新的方案或架构时，有时短期内会出现效率下降的情况。但是，请记住，正是因为某些变革在之前出现过，你目前正在从事的工作才会存在。不要常常将"只要没有完全失效，就不要管他"这种抗拒变化的句子挂在嘴边。虽然这对你来说非常难，但最终你会慢慢地适应和调整，甚至也会十分好奇最后将有什么样的发展和变化。

如果你是完成者

作为完成者，需要尽量提高对自己各个方面的标准要求。充分运用个人能力来帮助团队其他成员确保每个细节都已经做到位，同时确保团队其他成员都能达到预期目标。企业若要实现卓越，就需要把控特定流程中的细节，帮助团队朝着共同的方向努力。

不要过分追求完美，要注意项目截止时间以及任务的优先级；也不要认为自己要做所有的工作，那些非完美主义者也能够将自己分内事做好；随时做好紧急时把任务委托给他人的准备；不要对细节问题过于斤斤计较，这样有可能失去同事的支持。

如果你是专业师

作为专业师，要尽量展示出自身在某个领域或项目上的热情，培养真正的职业感并让团队成员相信你的知识与能力，确保能够时刻提升自我的知识与技能，在必要的时候也可以参加培训课程。

当别人向你请教一些问题的时候，不要夸夸其谈、没完没了。这样反而会让他们混淆。切莫忽略自己擅长领域之外的关键信息。谨记，自己并不知晓的某些事情可能会对你生活的各个方面产生巨大的影响。同样，也不要过分故步自封。长远来看，这对于团队中的任何一个人来说都没有益处。

学会管理自我形象

对于每一种团队角色，都有值得挖掘的优势和需要克服的缺点。通用的"准则"以及"注意事项"并不存在，你也许只会认可其中的某些行为。如果能够在克服弱点的前提下最大限度地展示自我的团队角色潜质，你就容易成为某一种角色的典型。

小结

- 让他人知道自己是谁。
- 为了团队的利益随时做好承担其他团队角色的准备。
- 专注于自己擅长的领域。

第五章

与刺头的相处之道

困境 VS 刺头

在工作中，遇到困难在所难免。面临困境，首先要做的是分析这些困难是由个人的偏好所引发的，还是说这些困难在广义上是企业短板的反映。通常在处理此类问题时，与难缠的人以及绩效欠佳者打交道的方法差异较大。每当组织结构出现问题时，将问题仅归咎于某个人，只会一错再错，并将关注点从问题的根源转移到其他方面。

难以相处的人

任何一个团队，无论团队人数多或少，其中一定存在所谓

"难缠的人"，但这并不表示团队中的每个人都会觉得这个人很难相处。可以肯定的是，"难以相处"背后一定有其原因，应该对其持理解态度。在团队中，任何一个能够与"难缠的人"相处有道的人都应该被重视。

避免角色错配

在某些情况下，个人特征很容易显露无遗。当两个人的风格截然不同时，个性冲突往往会出现。此时，对立的团队角色能够帮助我们分析问题产生的原因。例如，外交家性格外向、做事迅速，而完成者通常较为内向、追求完美，只要既定目标没有达成就不会停止工作。这样，两者之间相互刺激在所难免。同样，智多星总是有新的想法，而执行者更多关注现实因素，对没有把握的主意不感兴趣。这两种反差都为团队成员预设了互相接受的空间，以确保双方都能够重视并尊重彼此在团队中的角色与作用。多数情况下，当某些人对他人的方式持否定态度时，问题就很容易产生，因此，只有确立一个共同的目标，方可使团队成员都能够发挥其独有的作用。

总之，如果一个组织/团队既没有共同的目标，也不能做到相互尊重的话，这种协作就难以发挥效用。此时，最好的解决方案是，不论团队成员的个人才能、能力如何，皆不可将他们分在同一组，而应尽可能将他们分开。

如何与刺头相处

在有些人眼中，另外一些人可能属于难以相处的类型。尽管如此，还是有人依然能够与这些所谓难缠的人在工作方面配合得非常默契。其中关键在于，后者懂得根据共事人员的特点，适时调整自己的行为。

如果在工作当中，你发现自己可能与某些人非常难以相处，就应该反问自己："我的行为是否恰当？难以相处是由自己的语言或行为导致的吗？如果改变自我的行为方式，结果有可能变得不同吗？"

与所谓"难缠的人"相处的方式较为多元，这一点顶尖的销售人员最为清楚，而且顶尖销售人员通常都能够有效地利用双方的关系使得成果最大化。换言之，能够根据客户特点及时且恰到好处地调整行为来适应二者关系的人，都会取得较大的成功。例如，如果电话那端的客户属于谨慎且多疑的类型，想让他们能够迅速地做出决定是绝对过于鲁莽的。相反，如果电话另一端的客户时间十分有限，他们所需要的是以最快的方式了解事情的关键，此时，作为销售人员就无须在细节、技术等方面多费口舌。

在非常极端的情况下，人们有时会显得格外难缠。之所以会出现这种情况，其原因可能在于并没有与他人达成有效的合作。纵然是这样，也有办法找到行之有效的解决办法，例如不要用自己想要的方式对待他们，而是用他们所希望的方式来与之相处。

团队角色要有差异

有些分歧不是因为个性不同，而是因为每个人的工作职责与立场不同。比如，生产操作工人每天的工作任务是产量达标，而检验员的任务是确保产品质量达标。房产经纪人为了更好地推销房源会大肆渲染房子的优点，而质检员则会千方百计找出房子的不足之处以压低价格。虽然立场不同的人通常都不会为对方的论点而折服，但这并不意味着双方代表个人层面的对立，只是立场不同而引起的分歧。建议双方因利益发生分歧的时候，不要带有个人的感情色彩，只有跳出个人立场客观看待，双方才能找出折中的办法从而解决问题。

　　很多情况下，出现问题并不是由于各自不同，反而是因为
人们过于相似而引发的。例如，人们分享相同的兴趣、拥有类
似的才能甚至是同样的行事方法等。这样的结果就是彼此互不
承认，很难确定每个人的独特性，甚至难以找到彼此协作的
潜能。

　　人类社会也曾在劳动分工的基础上朝着多样性的方向发
展。群体越大，分工就越精细。在某种程度上，一致性很难促
进更大进步。设置各种不同类型工作，就意味着有一套与之相
对应的解决问题的手段与方法。当人们协同工作时，团队角色
的差异性能够帮助他们解决问题，从而产生协同效应。

　　要想更有效地协同工作，每一个团队都需在保持团队成员各自个性特征的同时，充分学习并理解团队角色的特征。例如，协调者与鞭策者在争当项目负责人的过程中，也可以相互学习并欣赏彼此的团队角色语言。如果没有这一共同的语言基础，出现不愉快的个人攻击的可能性就会更高。要提升团队协作能力，学会灵活运用关键的团队角色非常重要。

层级制组织的问题

虽然有些人很幸运不必受限于官僚机制，但工作中难免都会接触到烦琐机械的流程，想要避开那些流程是件很困难的事情，既然在所难免，学习理解其繁文缛节，就会对个人的工作大有裨益。

当系统变得并不人性化的时候，员工就成了众矢之的：他们在履行职责的过程中得不到足够的支持和保障。具有讽刺意味的是，在这种系统内工作的人很清楚其中的错误与修正措施，但是他们的职位权限使他们无法扭转乾坤，他们的尝试和改变往往还会被认为是对企业的不忠。

如果你恰巧在一家层级制组织上班，想要改变也并非不可能，只不过这不是一朝一夕的事。为了表示你的忠诚，你在对待那些繁文缛节时要表现出足够的宽容和耐心。考虑到组织内部接受简化变更的难度，你要尽量将那些消息灵通人士拉到自己的战线上来。因为如果得到他们的理解，他们会为你提供一些可以绕过障碍的行事方案并随时提供建议。

核心原则

分析以上给出的案例就能发现，责任最终会体现为个人如何适应并能够用一种比较合适的方式与难相处的人相处。从另一个角度看，每家企业当中必然会存在所谓碍事、难相处的人。这类人通常过于以自我为中心、懒惰、无能，甚至脾气暴躁，他们对于同事及客户来说都会是一种负担。面对这类人，试图下功夫来改造他们是非常不明智的。如果你是这类人的直线管理者，一定要明确的核心原则是，这类人的利益，绝对不能凌驾于组织或公司利益相关者的整体利益之上。

当然，虽然以上情况并不是很常见，但是一旦真的出现，我们就应该客观对待，并且开诚布公、合情合理地做讨论。事实上，有很多方法可以避免出现这种状况，例如将合适的人放在合适的位置上，而不是将其当作一种复杂的人事危机来对待。

小结

- 分析困境为什么会产生以及困境是如何产生的。

- 思考自我行为对困境可能产生的影响。

- 找到能够解决问题与改善现状的途径。

- 分析问题产生的根源是否与团队多元平衡相关。

第六章

企业文化

不同形式的组织

每家企业都有自己的文化，而文化很多时候是由企业的价值观、信念来体现的，而不是通过程序来设定的，企业文化可能会长时间强加于团队成员。

文化也是企业的一种标识和身份的象征。无论是在组织内部还是组织外部，企业都需要有一个明确的自我定位。企业需要建立自身的价值观，并且让广大员工参与将企业价值观落地的过程，做到"奖励高价值行为，消除无用且不恰当的行为"。

在设置组织架构的过程中，企业文化必须摒弃一些东西。否则，文化就只是企业各种价值观的一种累加而已，这反而会将企业变得无序且没有目标。通常人们言及工作的优先级、目标时都会谈到企业的价值观。有些员工的价值观能够与企业的价值观相一致、适应，但也存在二者不适应、相互冲突的情况。当然，就算有冲突也没关系，重要的是员工能够理解企业/组织的运营模式与特点，也能够明白企业对外部环境可能产生的影响。

对外，企业力求展现出自己的企业形象：企业文化就像是外界了解企业的一扇窗口，通过这扇窗口，客户、投资人以及竞争对手等能够清楚地看到企业倡导什么、如何运营等信息。企业在构建自身对外形象方面的投入巨大，这些投入包括企业的使命与愿景、品牌、企业标识 logo 以及产品等。界定企业业务范围、提升企业对外的积极形象是企业自我营销与展示的最简单方式。

作为一名新员工，对企业的认识更多的是对企业外部形象的一种了解，但最终都需要适应企业内部的文化。

其实，这并没有我们想象的这么简单。不管你的行为表现及个人优势、品质如何，你在企业中的发展之路都会受到偏见的阻挠。不过我们更多的是聚焦于有层级结构且以绩效为主的企业。在这种企业/组织中，个人的行为表现将直接左右其发展与进步。

新员工生存法则

任何一名新员工都需要面临一些挑战，例如，组织内部的情况到底是怎样的？人们的行为特征是什么？着装有什么特点？哪些行为是企业提倡的，哪些是明令禁止、应该避免的？通常来说，刚进入一个新的环境，没有谁会主动上前告诉你这些细节信息。但足够幸运的话，企业会提供入职培训，通过入职培训你将会对这些信息有清楚的了解，但多数企业并没有提供这项服务。因此，作为新员工的你就需要找到自己的生存法则。

不同企业与组织之间的风格、习惯以及实践等差异甚大，即便是同一公司的同一岗位，在不同的办事处也有很大的不同。作为新员工，怎样才能知道接下来会发生什么呢？解决方法之一就是观察。同事用餐时间的长短，是否需要为每个人买下午茶，还是只需要买给自己？在邮件发送及内容方面是否有特殊要求？

另一种方法就是寻求指导。例如，问一些能够表明你愿意适应的相关问题。

无论自觉与否，大部分人都会适应当前企业的现有文化，能够认识到哪些是企业认同的、哪些是应该避而远之的。每个人的适应性差异较大，表现也各不相同。在某些情况下，你很清楚企业需要你做什么，而在另一些企业中，你只能在工作环境中耳濡目染。因此，不要奢望一夜之间就能够完全明白和适应。关键在于，无论人们是如何认知自我的，企业都会要求他们融入现有的工作环境。

避免文化冲突

如果一家企业的运营模式允许各个部门自治的话，文化冲突在这家企业中就十分常见。生产部门往往需要较长的运行周期与时间，但是财务部门倾向于尽量控制成本，各个部门的不同目标就会影响整个企业的文化，而这最终会表现为不同部门之间的实力较量。最成功的员工需要将自我行为表现得像外交官一样。

企业的制度/政策被称为"可行性艺术"，而在很多雇佣环境较为复杂的企业中，这种"可行性艺术"的重要性非常之高，没有放之四海皆适用的方案，最行之有效的基本方法就是朝着目标谨慎地工作、积极地表现。

团队角色与企业文化

一旦某个员工、某一群体、某一团队获得了巨大的成功，企业就会努力去挖掘、分析并希望快速找到那些推动公司发展、促进企业成功的特征。因此，这些成功的人/群体的某些特性、特质就会在企业内部不断地被放大和推崇，这些属性对于企业文化是非常宝贵的，会被整合于企业招聘流程的关键点，也会用来识别和选择特定的团队角色。但在不久之后，企业就会克隆这种文化，每个人的行为模式都会保持一致，其结果就是企业渐渐意识到，不仅其他团队角色严重缺乏，某一种角色主导的团队的缺点、弊端也会暴露无遗。

如果企业偏好招募某一种类型的人才，那么企业的发展方式也会较为特别。而且这种企业的文化就会被某种特定的团队角色类型所主导。

在那些重点关注工作氛围的企业里，凝聚者就会成为模范、员工楷模，他们不仅能确保避免出现冲突和摩擦，也能起到凝聚团队的作用，提升团队凝聚力。

与之相反，鞭策者就更具有竞争性。如果某些企业因为看中鞭策者的干劲十足、高调且易于成功，而持续不断地招募鞭策者，且只招募鞭策者的话，就容易形成一种内部冲突不断的文化，企业中的其他团队角色通常会被鞭策者们所淹没、被忽视。鞭策者总是爱发号施令，没有什么比其他鞭策者的存在更能激发鞭策者本人了。由于其他任何一种团队角色都无法抵御鞭策者的强势，因此企业将不会存在真正的团队合作，并会营造出更复杂的工作关系。

企业中如果有太多协调者，则完全是另一番景象。协调者视野开阔、成熟自信，备受招聘者偏爱，因此招聘人员可能在不知不觉中招募了大量的协调者。但殊不知，每一位协调者都会争当这一角色，文化终究会弥漫着一种操控和被操控的氛围。每一位协调者都在试图说服其他同事按照自己的安排去工作。协调者偏爱任务分配、协调，也是任务的委托者，因此生产效率相对不高，因为每一个人都试图要控制自身的工作负荷，这就容易导致部分人被迫承担更多的工作。而执行者的特征是一般不会主动承担那些很容易被别人揽功的工作。由于多数协调者注重宏观视角，又缺乏相应的专业知识，使得他们对细节的关注可能不足。

企业中如果呈现出一种批判甚至是嘲讽的文化，就可以判定这一企业中一定存在大量的审议员。与协调者的情况类似，由于审议员逻辑严谨、分析能力强，在面试过程中加分不少。但是一旦审议员过多，就意味着新观点少之又少，因为他们通常会在付诸实践前就放弃或退缩。而其他同事的行为会受到这种挫败情绪的影响。换言之，像智多星等创造力极强的团队成员，可能会因为担心自己的想法、观念等被嘲讽或置之不理而不愿意分享。如果这种"分析导致瘫痪"的状态持续存在，企业很容易就会变得停滞不前，同时似乎也无法解释员工工作动力不足的根源。

外交家由于其热情、较强的说服力以及能说会道的特点，备受各类销售企业喜爱。但企业同样会面临困惑：已经雇用了很有活力的员工，而且他们几乎随时都在电话端与客户沟通，为何利润却不及预期呢？原因在于：销售在完成初期的销售指标后，原先投入的热情很快消失了，而企业通常也没有配套客户维护与跟进系统，很多项目可能在中期就夭折了。尽管客户看似与企业的联系非常紧密，但也会因为他们的这种特点而变得失落和沮丧。

同样，一家企业中如果有太多智多星也会问题频出，只是原因可能大不相同。企业因为看中智多星的创新力、超常规思维，因此乐于招聘此类员工。企业当中如果有太多的审议员容易因过于批判而导致停滞不前，如果有太多的智多星则容易使企业文化产生动摇。一位真正的智多星绝对是企业的一块宝，一个绝妙的点子，足以胜过数以百计普通的点子。

制造业企业对执行者的吸引力往往很高，在这类企业中，那些对企业忠诚度高且能够有效完成工作的人将备受关注，但现实情况可能并不尽如人意。太多的执行者，意味着一种过于精心设计且较为僵化的文化氛围。新的观念由于例行的流程或者被冠以牺牲生产效率之名而无处落地，而且员工鲜有自主权。如果执行者身处管理者之位，很容易引起员工的不满，因为执行者在操作层面干涉过多，容易造成一种对他人不尊重和不信任的感觉。

完成者对高标准的要求远大于高效率。在这种偏好下，焦虑程度通常会偏高。如果没有协调者的参与和影响，这种焦虑很容易挫伤员工士气。更有甚者会过分痴迷于追求完美。如果出现这种情况，员工就可能需要长时间的工作，有时甚至需要早出晚归，以确保每一个细节都到位。由于每个人都在争取最终发言权，使得在企业中容易营造出一种小气的、斤斤计较的文化。每个人都急于宣布自己的工作成果，但没人愿意授权工作。其代价就是各自互不沟通、信息闭塞，最后所有员工或所有部门演变成了互不干扰的"独行侠"。

雇用太多的专业师同样会有一系列的问题。专业师希望提升个人专业知识的欲望对于一些医药企业来说非常珍贵。但是，如果没有鞭策者来督促企业向前发展、没有外交家来分析市场空间的话，团队很可能就会陷入工作的困境，甚至各自都过于倾向保护自己的特殊利益。

特定团队角色组合的企业文化

深刻理解企业的文化，不仅能够帮助你洞悉自身优缺点，还能够帮助你快速地适应与自我提升。

表 6－1 和表 6－2 清晰地展示了某些特定团队角色组合的企业文化的积极特征和消极特征。

表6-1　特定团队角色组合的企业文化的积极特征

领导者文化	文化聚焦	文化类型
协调者 凝聚者	开发人力资源	人际关系型
智多星 外交家	扩张 转型	开放型
完成者 执行者	整合、统一 平衡	内部流程型
审议员 鞭策者	产出最大化 竞争力	合理目标型

表6-2　特定团队角色组合的企业文化的消极特征

领导者文化	文化聚焦	文化类型
协调者 凝聚者	放任 无效讨论	乡间俱乐部
智多星 外交家	过早的响应	动荡的无政府状态
完成者 执行者	过于固化的流程	僵化的官僚体制
审议员 鞭策者	彻底的反对	压迫式血汗工厂

　　企业的文化越强大，企业对外界就更具抵抗力。然而，很多时候企业也需要一个局外人来提供一种新的视角，这也是为

什么很多企业会选择外部公关公司来协助的原因所在。正如谚语所言："在盲人王国中，独眼人就称王。"能够发现组织真正所需，且最终被组织认可的人，就是组织最需要的人。在"乡间俱乐部"型组织中，实用性与组织性兼备的人能够脱颖而出；在"动荡的无政府状态"型组织中，需要找到能够思考构建组织基础的人；如果是"僵化的官僚体制"型组织，就需要找到能够为组织带来活力与生机的进取人士；而对于"压迫式血汗工厂"型组织而言，急需一个富有仁义、能够让大家信服的领导者。当然，若要充当组织内部润滑剂，其要求则远高于适应现有企业文化。一个成功的变革推动者，需要很强的道德勇气，外加一些运气，同时还要获得上级管理层的支持。

如何影响并改变企业文化

改变企业文化是极具挑战性的。适应当前的企业文化这一决策更为保险。其实还有第三种可能性，就是从企业内部突破，寻求变化。这一方式往往比在现有企业文化中强加某一政策更行之有效。大量实践与经验发现，就算出现非常显著的变化，最终还是会回到之前的企业文化状态。唯一能看见的变化是那些热衷于倡导企业文化变革的人变得日益挫败，甚至希望破灭。

当然，如果你发现自己有能力改变现有的企业文化，那就再好不过了。但是，当你发现自己并没有身处一个推动文化变革的位置，同时你又坚信这一改变对企业来说十分有利的时候，关键是要确定这些相关的变化对自己来说重要性几何。如果你认为自己能够很好地适应现有的企业文化，那就尽量去接受并适应。但是，当你认为如果企业文化不改变你就没有办法工作的话，也许就是你需要考虑离开的时候了。

文化管理的有效方式和方法非常多元，但需要时间缓慢地来改变自己的态度。关键是从小的地方开始，切莫操之过急。如果你找到了一种更有利的行为或流程的话，就应该去证明它。也许在一开始的时候你会发现对周围环境的影响不大。但是你的想法一旦真的奏效，它很快就会得到企业的重视。然而，你也不能太过乐观，要时刻告诉自己，这种变革一定会得到应有的重视与关注，尽管还没有在更大的范围中被所采用，最起码自己的工作方式将有所提升。

你可以积极主动地来获得他人的支持，这一点非常重要。如果你需要采取一项较不受欢迎的措施，你就会看到同盟/盟友所带来的益处。同时，确保自我行动与预期变化始终保持一致，如此才能避免被指责虚伪。一定要摒弃变化带来的个人利益，因为若不这样做，很容易让别人对你的建议产生怀疑、不信任。如果你出于对公司利益的考量而表现出对于变化的倡导，那么你提出的变革建议迟早会受到肯定。要明确变革的动力并不仅来源于自己，如果你很支持某一个有影响力的人的行为，请主动上前表达你对他的支持。做到这一点，这种文化在全公司盛行的机会就会大幅增加。

小结

- 每一家企业都有自己独特的文化。
- 重视团队角色文化，思考个人定位。
- 三思而后行，切莫停滞不前。

第七章

在职场中勇往直前

如何获得晋升

一旦有企业为你提供一份工作，且不论你的出发点是什么，只要你表现出对这份工作的热情，就能取得进展。表现出一种"我能"的态度，因为没有谁会替你完成工作。尽管你可能并没有期待能够立竿见影、很快就取得进展，但是你的经理也会对你的辛勤工作与出色表现表示十分尊重与认可。但如果你想要往更高的管理岗位奋斗，你就需要注意自己的个人行为。如果行为不当，很可能让你与更高的管理岗位失之交臂。面对日益激烈的竞争局面，你需要尽可能做到最好并脱颖而出，为此你需要牢记五点。

第一，工作上要表现得十分积极，而不是被动地去响应。这意味着你要时常提出好的建议、主动承担工作以及进行一些引导性的讨论。但你可能需要以一种较为行之有效而非居高临下的方式去提议。

第二，需要证明并展示出自己是一位好的战略家，而不是一味地去执行的人。管理岗位越高，对于战略思考能力的要求就远高于执行能力。

第三，运用一些能够反映个人特征的用语。如果你碰巧是一位协调者兼鞭策者，就可以说类似"我喜欢承担责任"这样的话。这可以帮助你确保以自身的能力和方式，朝着期望的正确方向迈进。

第四，多做。可以多做一点超出老板所要求的工作。这并不是说让自己加班，因为多半情况下老板并不会在办公室，因此他们可能并不会注意到、也不会察觉到。但是你能够做的就是比老板要求的做得更好。需要注意的是，不要去干扰他人的工作，这样并不会受到同事及上级的待见。你需要寻找的机会，存在于那些重要却并未引起重视的领域。

第五，也是最重要的一点，做那些需要完成的任务，而不是挑自己喜欢的工作来做。人们通常会感激那些承担具有挑战性工作的人，而不是喜欢择优挑选的人。不要担心承担了不起眼的工作，虽然暂时不会被提及，但是好的老板一定会让你在后期得到应有的回报。

虽然能否晋升最终取决于个人竞争力水平，但你可以选择调整自己的态度。从本质上来说，你的表现要让你的经理觉得，在你的同事或在本公司以外的候选人群中，你的确是一位更优秀的候选人。如果你错失了一次晋升机会，也不要过于焦虑。随时做好准备，机会随时都可能存在。

还需要清楚，企业的组织架构不一定有助于你晋升。管理学家劳伦斯·J. 彼得（Laurence J. Peter）于 1986 年提出的"彼得定律"就能够很好地说明。劳伦斯·J. 彼得将教育机构的层级分为三种：老师、系主任、校长。他指出，在现有岗位上表现好，并不代表能够胜任高一级别的岗位，每一个层级所需的技能各不相同。彼得在教育领域的研究结果同样适用于其他领域。在一个层级制度组织中，每一个职工由于在原有职位上工作成绩表现好（胜任），就将被提升到更高一级职位；其后，如果继续胜任则将进一步被提升，直至到达他所不能胜任的职位。而一旦晋升到不胜任的岗位，这个晋升过程就会终止，这样，一个人在晋升的阶梯上最终停顿下来的地方，肯定是他不称职的地方。这也解释了为什么在"彼得定律"中总是充满了不称职的员工。

彼得定律在层级制组织中非常适用，但是当组织属于非层级制、讲求团队协作时，情况就完全不同了。员工将不会被固定在某一特定岗位，而是有机会在许多不同的工作岗位上历练，这就为员工在不同领域展示个人才能提供了机会。因此，他们就会因为个人的才能而被提升，而不是被严格限制在层级制中的某一个层级。职场中有各种各样的工作，每一岗位需要不同的才能，因此"彼得定律"在这类企业中就变得并不适用。

自问： 我适合做管理者吗？

管理者就是需要将人力、技术以及财务等资源进行最有效配置的人。事实上，由于每个人的态度和方法迥异，因此这更是一种独特的技能。对于经理这一头衔的误解在于，在层级制的企业中这意味着地位、等级与更好的薪资。单纯为了个人利益而追求职场地位是不明智的。如果谁真的十分渴望能够成为一名经理/管理者的话，就需要明确这份管理岗位的工作细节，并且还要十分明确地知道他/她是否能够符合该岗位的要求。

因此，你需要明确这是否符合你的职业发展路径以及你到底想往哪个方向发展？你是否会被聘用为以上所讨论的这种管理者？你是否愿意承担那些管理层希望你能够担起的责任甚至是压力？或者你是否只是想在自己擅长的领域继续奋斗？如果你非常享受现在的工作，那为什么要改变呢？是因为对薪水、抱负、地位的渴望促使你希望进一步担任管理职务吗？或者理由远不止这些。如果没有去试着成为一位管理者，怎么会知道自己不适合呢？

或许，还应该问自己一些其他问题。例如，是否有欲望和激情成为一名管理者？自己会享受这一挑战吗？是否对任务分配感兴趣？是否享受帮助他人处理问题这一过程呢？如果这些问题的答案多数是否定的话，就需要反思一下自己是不是真的想要申请担任管理岗位。毕竟，你何必要从你喜欢且胜任的岗位上被调走，换来一个你既不胜任又不喜欢的岗位呢？最关键的是你适合的是什么。如果要成为一名经理，最终选择权并不在你，不是吗？为你提拔升职的另有其人（也是一个经理级别的人物）。也许企业雇用你只是因为你有潜力胜任这份管理工作。此时，你对于自身能力的认知就变得无关紧要了，因为评价你的是他人。若即便如此，你依然期待能成为一名经理的话，那就继续坚持下去，不要放弃。

小结

- 在要获得晋升时，准确评估这份工作以及自己是否真的适合该工作。

- 谨记，晋升后你也许会做得更好，甚至能够获得更大的个人成就。

第八章

管理之道

对于管理者，应该能够识别团队中的人才并根据他们各自的才能安排分配工作。工作通常有两类：任务和责任。任务是指就工作而言必须完成的部分，但无论工作是如何实施的，相关人员必须对结果全权负责。

工作任务分配与安排

管理者作为承担责任的人，必须要识别这两种类型工作之间的区别，对于一部分人而言，他们乐于承担，但对另一部分人而言，责任却意味着一种压力源。因为一旦计划失败或夭折，他们就会倾向于认为自己考虑不充分，容易自责与焦虑。责任越大，出问题的可能性就越大。而且无论因谁出错，都会追究责任人的过失。

因此，要明确自己是属于敢于承担责任的人，还是属于会将责任视为重担的人。切记，如果总觉得工作压力大，那么再高的地位、再好的薪酬也难以让人觉得幸福。

优秀管理者需要考虑的绝对不只是单纯与业务相关的工作，还要清楚团队成员的才能，以及如何充分发挥他们的能力与价值。与此相关的是下述这些问题：经理需要承担一切责任吗？有些责任可以被分担或传递吗？为了完成某些任务，是需要事先精确地设定与规划相应的方法和程序，还是可以在一定准则的指引下允许变通呢？

必须要认识到一点，即所有关于任务的分配都有一定的局限性，所以更重要的是，不仅做到合理地分配任务，更要认识到能否将责任一起分配。

多元化的管理风格

如果有人认为存在一种放之四海皆适用的管理风格，那将会是一件很天真的事。假如你成为管理人员，就必须审视当前的境况、明确应该承担的责任、自我的权力以及自己的团队。有了这些最基本的信息，就能够采用一种与之相适应的管理风格。大量事实证明，最成功的管理者往往有一种独特的管理风格，他们在团队中的角色是不可或缺的，能够充分利用团队中每一个人的优势与才能。

记住一点：管理岗位更多的是需要做出一些决策，而不是简单地遵循一套规则。否则经理就完全没有存在的必要。但有一点至关重要，要时刻确定自己的责任始于哪里，又该终于何处。如果不能搞清楚这一点，工作就会转为灾难。

管理者的工作应该是促使团队提升能力并带来变化，而不是利用个人权势凌驾于团队成员之上，如果管理者的管理方式得当、有效，自然会赢得成员的尊重，一味地强行要求他人的尊重反而会适得其反。管理的艺术就是自我认知与如何利用团队成员的才能来弥补其他成员的短处。

组建卓越的团队

首先要将自己团队中的成员视为一种资产，而不是一种威胁。作为管理者，成功的定位不是自己在团队中表现得多么卓越、杰出，而是拥有一支极具智慧且协作平衡的团队。由于他人的优秀可能对自己显得不利，因此，对于他人优势与潜力的担忧是与生俱来的。管理者身旁应该围绕着一群得力助手。引导一个唯命是从的团队虽然看似轻松，但成效通常并不尽如人意；那些敢于给出建议、发表意见的人对于管理者来说是十分珍贵的。

组建团队并充分发挥团队成员的优势对于个人的管理进阶之路来说也越发重要，随着任务复杂程度提升，需要将责任进行转移，高质量的团队成员也希望承担一些责任，但这也可能引发冲突。管理者在自己的领域表现得十分成功，但通常也会出现很难与他人有效协作的问题。此时，团队角色理论知识将对你大有裨益。

谦逊 VS 自负

作为管理者，有一点十分关键，即明白谦逊的重要性。而自负者容易不断地放大自我，甚至不断地去追寻权力。谨记，自我标榜与表扬很难获得大家一致的认同与赞赏。

管理者有很大一部分职责是做决策。职位越高，做决策的重要性就越高。然而，过分的自信、过于自我认同并不会提升决策的准确性与有效性。任何决策都必须为了公司的利益，而不是为了提升自我的地位。一旦决策失误，就需要去承认并积极地面对，此时，再多的借口也无济于事，而且，越是找借口，个人的形象越容易受到损害。

在贝尔宾团队角色理论的指导下，你可以在不会对自我产生任何负面影响的情况下承认自己的短处，而且这些短处甚至可以帮助你懂得欣赏团队其他成员，更好地融入整个团队当中。此外，贝尔宾团队角色理论还能够让每一位团队成员在其位谋其责，充分发挥每一位团队成员的潜力。

找到一种适合自己的管理方法虽然难度较大，其价值却非常之高。这涉及对团队差异性的认识，以及自我的认知。如果能够精妙地运用团队角色理论，它一定会指引你走向成功。当然，虽然没有放之四海皆适用的方法，以下建议还是有效的。

管理者的十大锦囊

1. 扬长避短

人非圣贤，孰能无过？管理者亦是如此，但是可以尽量发挥个人的长处，尽显自己的优势，同样能够非常成功。学习用一种行之有效的管理方式，这一点需要时刻铭记。

2. 关注他人对自己的看法

自吹自擂是自我推销的一种方式，但这容易走向一条自欺欺人之路。打造良好的人际关系需要关注他人对于自己的认识和反馈。

3. 区分管人与管事

部分非常优秀的业务管理人员在人才管理方面的能力非常欠缺。同样，有些在人才管理方面非常卓越的管理者在业务流程方面的管理并不理想。在某一领域的成功通常能够粉饰自己在其他领域的弱点。如果你在某一方面/领域非常擅长，就需要有一位在与你所擅长领域的相关领域中非常优秀的盟友。关键在于不要总是用非常困难的方式来促进自我成长。最便捷、可靠的做法是找到那些擅长于你所不擅长领域的人，同时与他们达成有效的合作。

4. 补救不如创新

一旦企业运营系统存在漏洞，必定要想尽办法进行弥补。

要将注意力集中在如何对现有管理架构进行创新和提升上，而不是过分关注细节。适合远航的船舶一定比精小的船只更能够确保方向的准确性。

5. 策略先于执行

相比之下，就算是效率低下地做着正确的事，也比高效率地朝着错误的方向前进更好。只有经过细致的思考、深思熟虑之后，复杂的运营与执行才能起到应有的效用。因此，三思而后行。

6. 宁可空缺也不可匆忙任命

在做任命决策时的细致思考与衡量，绝对不是浪费时间。相反，仓促的任命可能会导致多年的遗憾。

7. 让合适的人上车

虽然有些人在某一岗位上做得一塌糊涂，但是如果任命得当，他们可能在另一岗位上得心应手。充分、合理运用贝尔宾岗位需求问卷就能够帮助你实现"物各尽其善，人各尽其能"。

8. 对事不对人

所有的岗位都值得关注。人们渴望表扬，通常也乐于接受对事不对人的批评与建议。

9. 适度放权

管理是一种放权的艺术。要给团队成员适度的自主权并让他们来承担某些责任。过多干预与微管理模式会降低团队成员进一步承担责任的欲望。

10. 合适的管理风格

一旦明确了自我的优势与弱点，就与团队成员展开讨论，并告知自己能做出的贡献以及希望得到的帮助。

对管理能力真正的考验在于能否在不同情景、不同行业中都有效地管理。而通过这一考验的唯一方式就是拥抱变化。很多享有盛名的管理者几乎都是精通管理之道的人。只有当管理者真正为自己的事业负责时，他们才会不断学习，并将所学到的知识或经验传授予他人。

小结

- 合理的任务安排、责任到人。
- 置身优秀的团队之中。
- 懂得谦逊。

接下来该怎么办？

　　那么，周一早上要做点什么不一样的事呢？这是刚刚参加完团队建设活动或管理培训类课程的管理者们常常会被问到的一个问题。如果你已经读了本书，哪怕并不是从头到尾系统地阅读，我们也十分希望本书能够为你在职场角色定位与个人行为方面带来更多的想法与动力。为什么这十分重要呢？因为一个团队的成功，始于个人的自我认知，以及个人对团队其他人的了解。同时，要从管理者的视角来看待周围的事物。团队角色理论不仅能够帮助我们运用一种"共同语言"来实现相互理解，还能够帮我们确保每一个人在合适的岗位上。如果工作中出现任何问题，团队角色理论同样能够帮助我们迅速进行协调。有了明确的目标，不仅能够避免误解，还能够避免混乱的局面。

　　不论你选择何种职业道路，你个人的行为方式一定会对最终的职位产生影响。正如有人说："你因你拥有的学识而受聘，因你的为人而被解雇。"我们所有人都具备某些特质及与之相对应的弱点，事实上，这世上没有人可以成为完人、面面俱到。

　　最终，我们要做的只是尽量发挥个人的长处，并克服自己的弱点。关键是工作时要充满热情与决心，并时刻注意不要忽略了自己。有自知之明对成功很关键。

九种团队角色特征简述

团队角色		贡献	可允许的缺点
智多星 PL		充满创意、富有想象力、不会墨守成规，善于解决疑难	忽略现实琐事，过分沉迷于自我思维而未能有效表达
外交家 RI		外向、热情、善于沟通，能够探索新机会，开拓对外联系	过分乐观，一旦初期的热忱减退，可能会失去兴趣
协调者 CO		成熟、自信，能够澄清目标，凝聚众人，促进团队沟通	可能会被视为玩弄手段，推卸个人职责
鞭策者 SH		善于推动、充满活力，能够承受压力，具备克服障碍的动力和勇气	动辄触怒别人，可能会冒犯他人
审议员 ME		深思熟虑、精于谋略、识辨力强，周详考虑选项，判断准确	可能欠缺鼓舞他人的动力和能力
凝聚者 TW		精诚合作、态度温和、感觉敏锐、待人圆滑，善于聆听及采纳意见，避免摩擦	在紧迫情况下优柔寡断
执行者 IMP		严于律己、可堪信赖、惯于谨慎稳重，能够采取实际步骤和行动	可能欠缺弹性，面对新机会时反应迟缓
完成者 CF		勤勉苦干、忠诚尽责、渴求完美，善于发现错漏，能把事情办妥	倾向过分焦虑，不愿别人介入自己的工作
专业师 SP		专心致意、主动自觉、全情投入，能够提供不易掌握的专门知识和技能	只能在有限范围内做出贡献，沉迷于个人专业兴趣

贝尔宾团队角色个人报告

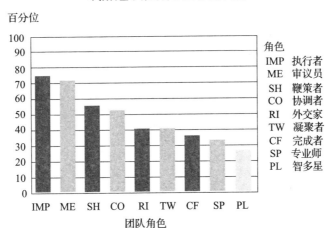

BELBIN

Jo Mark
团队角色概览

本报告基于你的自评和6份他评结果

百分位

角色	
IMP	执行者
ME	审议员
SH	鞭策者
CO	协调者
RI	外交家
TW	凝聚者
CF	完成者
SP	专业师
PL	智多星

团队角色

上图显示了你的团队角色排序。有些人的每个团队角色都比较平均，而其他人可能有一个或两个不太高和非常低的团队角色。一个人并不一定展现出所有九种团队角色的行为。

团队角色概览

　　本报告中的柱形图显示的是你的团队角色从最高到最低的排序。你报告中的其他页面将更加详细地分析你的团队角色概览。

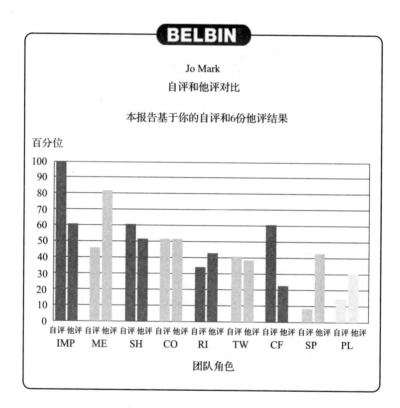

<table>
</table>

自评和他评对比

　　本报告中的柱形图显示了相较于你的观察者意见，你是如何看待自身的团队角色贡献的。

BELBIN

Jo Mark
团队角色反馈

本报告基于你的自评和6份他评结果

你行动之前喜欢思考，而你的行动基本上按照预先的计划和准备进行的。你在人们心中建立的形象就是深思熟虑，能够比其他人更全面地考虑到实际操作中方方面面的困难和现实。

有种风险是，你的积极贡献可能被同事以消极的方式看待。比如说，你的谨慎可能被解释为不情愿和没有进取心。为反驳这种印象，小心自己不要有反对新思想的名声。随时准备关注各种选择，把注意力集中到那些能建设性地得到发展的选择上。

谈到你的工作关系，给一个要求苛刻的老板工作，你会干得很好，这样的老板欣赏精心的准备和高效率的组织工作。你很难与某些人共事，他们追寻不当策略，兜售未经妥善思考过的想法。

作为经理人，你希望聘用完美主义者和某领域的专家，他们可以被倚重，通过各自的技能为团队带来利益。你能给予他们所需要的支持和指导。

团队角色反馈

该报告旨在提供指导建议，这些指导建议着重讨论如何以最理想的方式管理你在工作中的行为以及如何充分利用你的团队角色。建议的适用性可能因为你当前所处的职业生涯阶段和你当前的工作情况会有所不同。

贝尔宾团队角色个人报告的主要应用及价值

个人层面

- 明确个人在团队中的贡献，最大化个人效能。

- 通过"照镜子"缩短彼此的认知差异，提升合作。

- 提升管理者搭班子的理念，最大化团队效能。

团队层面

- "角色轮盘"让大家彼此看见，实现团队自转。

- 新老员工互相认知，缩短融合的周期。

- 跨部门增进识别度，可互补协同合作。

- 团队诊断，HR 与业务并肩作战。

组织层面

- 基于业务目标的人才盘点，促进绩效达成。

- 人才招聘与晋升，业务与 HR 达成共识，与团队达成共识。

若你希望进一步了解贝尔宾报告如何帮到你、你的团队和你的组织，欢迎登录贝尔宾官网 www. belbin. cn，或者联系我们 info@ belbin. cn。